Tocaia

© by Marcos Garbim

Todos os direitos desta edição foram cedidos à
Escrituras Editora e Distribuidora de Livros Ltda.
Rua Maestro Callia, 123
04012-100 – Vila Mariana – São Paulo – SP
Tel.: (11) 5082-4190 – escrituras@escrituras.com.br
http://www.escrituras.com.br

Editor: Raimundo Gadelha

Coordenação editorial: Angela Annunciato

Capa e projeto gráfico: Vaner Alaimo

Revisão: Angela Annunciato

Impressão: Palas Athena

Dados Internacionais de Catalogação na Publicação (CIP)
(Câmara Brasileira do Livro, SP, Brasil)

Garbim, Marcos
    Tocaia / Marcos Garbim. – São Paulo:
Escrituras Editora, 2004.

    ISBN 85-7531-153-0

    1. Poesia brasileira I. Título.

04 – 7699   CDD – 869.91

Índices para catálogo sistemático:

1. Poesia: Literatura brasileira   869.91

Impresso no Brasil
Printed in Brazil

Tocaia

Marcos Garbim

escrituras
São Paulo, 2004

o que amas muito permanece
o resto é lixo
o que amas muito não te será arrebatado
o que amas muito é a tua melhor herança.

Ezra Pound

A José Duarte (in memorian),

Helena e

Pietro

canto a poesia
por medo do ar
que trago a inflar
gerânios
                silvestres

Hermético

aval de todos os enlevos
ferida em feixe
lago de plumas
sirene de luzes em recife

catálise perfeita
entre o oxigênio e o medo
fulgores propensos à escuridão
mote primeiro de todo cantar

raridade seminua
ósculo vibrátil e cego
cargueiro de Eros
ostras lúgubres no tecido do céu

silabada pretendida
suspeitas fora do período de caça

Vou me embora de Pasárgada

Enjoei das longas
orgias
e o gosto de vinho na boca

Cansei das mulheres
de aluguel
do rei e seu mau
hálito

Vou me embora
de Pasárgada

Quero a vida
premeditada
nos desvãos do
suicídio

Quero as chagas
de minha carne
na língua
de um cão
vadio

Fartança

a língua presa
no fundo da garganta
cala memórias tantas

e represa

e agora agiganta

monossílabo engasgado
em represa de
fartança

Tear

tear da sorte
consorte de emolumentos
díspares

tatear
com sorte
um duo completo
entre o sal e o mel

confrontar
ao norte
plumbiosidade estranha
fria bruma boreal

fios de cálida
teia
fina hipótese

cordames de balsa
ereta
entre ondas e interstícios do mar
repto

tear da sorte
conforme eclipses negros
e a morte

Raízes ao pé d'ouvido

gesta-se ao pé de uma árvore
o húmus primitivo

ejaculando a fruta
entre podridões passadas

fossilizando entre raízes
e a velha terra

a boa nova

entre podridões recentes

Transparessência vítrea

QUADRO VÍTREO
TRANSPARENTE:
___ avenidas deslizam calmas sob os
carros

QUADRO VÍTREO
POROSO:
___ o ar suscita estranho torpor
e carrega a fumaça do cigarro

QUADRO VÍTREO
___ a luz interpela a matéria
e nos chega réstia
reveladora

QUADRO
CUBO-FUTURISTA:
dos limites saltam galhos ___ além dos limites
continuam galhos ___ verdazul, matiz... Matisse

VÍTREO:
___ engana o verde das folhas
o cinza do chão ___ grave mistura de cimento
folhas, ossos, pedras...
transparência provocadora:

A VIDA FICOU ALÉM DA JANELA

Ponto de vista

Ponto de vista:
dois olhos
claros

Ponto de vista:
solitário olho
(cego)

Ponto de vista:
nariz-ponte
lóbulo e
curvas

Ponto de vista:
idem
(no seu lado
 inverso)

Ponto de vista:
ponto
desvisto
à vista
referencializando

Pendular

linha transversal
pendular ao tempo
no aguardo das horas
retardo
tardo todo silêncio

vaza areia pelas mãos
sem fundo, vão
na ampulheta do desejo
retardo
tardo todo esse medo

Cavo
na dobra
da língua
um dístico

qual jade
incrustado
entre dentes
e o palato

gema de fogo
molhada
sonora
      sibila

Cavo na
dobra
da língua
um dístico

Derrame sangüíneo

No horizonte
azulam zinco
e poeira

Cala
que o vento é calmo
e a tristeza resoluta
instaurou-se nos
interstícios da
matéria

o Sol
caminha em fogo
e luz

derrame sangüíneo

Canção sem destino

Os objetos e seus usos
e todas as festas
do cotidiano

As falas desse turno
sem passagem
futuro ou
viés palaciano

Os insetos do verso
sua deglutição alvissareira
e o olfato apurado

As intrigas dos amores
suas ruas de terra
e a falta do corpo
nessa entrega sem volta

Lua de cetim

Lua de cetim
fina figura no céu de Aldebarã

Morada dos mortos
âncora encalhada no antigo firmamento

Sitiada sentinela
Cai-não-cai do astro discreto

Festim de lobos
pouco a pouco abocanhada

Lua de cetim
rochosa incongruência na noite pensa

Procura da lâmina

onde
a lâmina
na escuridão

e mesmo
achada
afiá-la onde
com precisão

ainda
afiada fosse
usá-la como
com devoção

onde
real resgatado
adornar a lâmina
ou enfeixá-la
em tempos
de escuridão

Fotográfica

vaso de flores
crisântemos e
violetas

flores no vaso:
cerâmica rústica

mergulho no espaço:
imagem partida

eternidade

são seis horas
para breve

brevemente serão
sete horas
para algo

certamente serão
oito horas
para nunca

absolutamente serão
nove horas
para sempre

para sempre
algo nunca visto
em seis ou sete
ou sempre
nem medido
semicerto ou semibreve
acontecido

então
já terei ido

Canto da aurora

canto com o galo
o galo certeiro
hóspede da noite
sino, crista e pó
pedra dura, lâmina
rasgando a manhã

Segredo

não cabe no
copo
  todo medo

só cabe no
fundo
  superfície do
    desterro

não cabe no
copo
  todo medo

    gosto acre
    na porta do enlevo

Semente

potência
de floração
ou

tenta vôo
entre
húmus vários

é corte
e açoite
terra
escuro em raiz

plena
em
futuro garroteado
ou quase
flor

O pão

não são
apenas grãos

o pão

são mãos
nãos!
são vãos

o grito
(explosão)
na mordida
do pão (que
não)

Repente

repente
sonhos idos
vãos

somente valos
vãos

terra e húmus
um não

semente será
senão...

Desencontros

É nesse espaço
que me acho
é nesse lapso
que relaxo
é nesse fato
que desabo
é nessa hora
que me farto
é nessa mortalha:
o coração

balão de neve nos céus citadinos
traça e retraça arco-íris quase belo
refletido em sombras no chão

os pássaros sobreviventes assuntam o azul

outonos findos
e o silvo de jade nas janelas
é armadilha sibilina

repara:
vieram buscar-te para a festa dos campos
e restas nu
sobre o silencio

Tempestade

Raios e trovões
lá fora
chove.
Cá dentro
aqueço os pés
na poesia.

Madrugada

Um cão
late
lá longe

teu cio
lá
longe

lobisomem
esqueço
da Lua

um
corte
e certo derrame

ribeira entre pêlos
indistintos

defini-los?

calou
nos fios de alta
tensão
uma andorinha cansada

lapso
corte único
vera luz e açoite

fosse vértice
          voragem

sinais
sinais

evola
certa bruma
do cigarro
em teu quarto

teu silêncio em brasa

atavismos

atávicos os acintes
de rara urdidura
escorpião e teia
lapso
gesto
e memória fiandeira

quero
ave rara
azul
azul
rara ave
quase nave
azul
azul

quero
a ave
o raro
o azul
o azul

Embate

nas veias do
tempo
na pele do tédio
e só
sangue

alhures é um lugar
que não existe
mas insiste
em trazer-te algo
que não é deste mundo

Modernidade

FAÇA DA QUEDA
SECA, LIMPA
UMA COREOGRAFIA
NÃO DO DESESPERO
QUE FERVE NAS VEIAS
MAS DA DOR
QUE NOS FAZ MODERNO

SÓLIDO NÃO
SÓ LIDO O PÃO
SOL IDO
EM CONTRA-MÃO
SOL IDO NÃO
SOL ID NEO
SÓLIDO VÉU
SOLIDÃO

Falta de classe

Essa falta de jeito
essa falta de classe
essa falta de peito
esse ódio de classe

Verde

Verde que te quero verde
verde que te quero vida
ver te quero
sempre-viva

Mas, por favor
que não seja
verde oliva!

morcegos bailam no céu escuro
e tudo e por tudo
é por demais perigoso

dinossauros celebram
o sangue dos ancestrais
e estes
como aqueles
estão mortos

caranguejos surpreendem
ao andar para frente

a noite é a hora
de soltar os bichos...

olhar o próprio umbigo
é coisa de destemido.

ai, que torcicolo!

guarda-chuva

não se guarda a chuva
não se guarda da chuva

ela, cara dura
escorre pela nuca
e costados
e chega
na bunda

*Poe*meto

Um poço
Um pêndulo. Ponto.
Por pouco, não me fodo!

Poemeto suspiroso

Ai! Quem dera...
Dará? Quem?
Nem sei!
Ai ai...

Poemeto arrependido

o silêncio é de ouro
puro
assim
    faço
    fazia
    fazeria
se não fosse
tão tonto

Poemeto do desastre

Um trem.
Outro trem.

Por medo do desastre
descarrilhei!

Poemeto antropofágico-amoroso

teu sangue é doce
agora
quero tua carne

Poemeto futebolístico

Correu, bateu, chutou...
é
GOOOOOOOOOOOL!!!
(contra)

Poemeto libidinoso

teu mel
escorre solto

    afago teu carinho
    de abelha

Poemeto descabido

teus peitos não cabem
no verso
no verso não cabem
teus seios
(pouco me importa)

Poemeto etílico

bole
no bucho
o fole
dos deuses

Poemeto onírico

calado e inconcluso
entalado na garganta:
um sonho

peristaltismos à parte
certamente te espera
uma úlcera duodenal
de terceira grandeza

Poemeto indeciso

São 11 horas e 59 minutos e 59 segundos
Não sei se falo da quinta
ou da sexta
Não sei se falo de ontem
ou de hoje
Não sei se falo do sonho
ou da sesta
Não sei se falo de mim
ou de ti

aproximações

o amor não se parte
ainda que tarde
não se divide
vide a vida

Tocaia

tempos de silêncio
onde a poesia
alijada
olvidada
espera

exilou-se

filtrada na dor
pondera
se recupera
animal assustado
de tocaia

Impresso em novembro de 2004, em offset 120g/m², nas oficinas da Palas Athena.
Composto em Bell Centennial
e Bernhard Modern.

Não encontrando este livro nas livrarias, solicite-o diretamente à editora.

Escrituras Editora e Distribuidora de Livros Ltda.
Rua Maestro Callia, 123
04012-100 – Vila Mariana – São Paulo – SP
Tel.: (11) 5082-4190
escrituras@escrituras.com.br (Administrativo)
vendas@escrituras.com.br (Vendas)
arte@escrituras.com.br (Arte)
http://www.escrituras.com.br